NÉCROLOGIE

M. MARCELLIN LEDOUX

décédé à Inghem

le 23 Juillet 1878.

AIRE. — Imprimerie de Guilemin.

M. Marcellin LEDOUX.

M. Marcellin Ledoux, maire de la commune d'Inghem, est décédé le 23 Juillet 1878, à l'âge de 31 ans. Ses funérailles ont eu lieu, au milieu d'un concours considérable de parents et d'amis; Toute la commune d'Inghem y assistait.

M. Labitte notaire à Aire, a prononcé, sur sa tombe, quelques paroles, qui ont produit une vive impression :

Messieurs,

Il y a 2 ans et quelques mois, à cette même place, nous adressions nos adieux à cet excellent ami, Siméon Macau, dont la mort vous inspirait tant de regrets.

Le vœu général des habitants d'Inghem était de voir appelé à le remplacer, à la tête de la commune, M. Marcellin

Ledoux, son neveu.

Ce vœu fut exaucé ; mais voilà qu'aujourd'hui, il nous faut venir rendre les derniers devoirs à ce bon Marcellin Ledoux, enlevé à 31 ans, à l'affection de sa femme, de ses parents et de ses amis, laissant trois petits orphelins.

Quelles terribles épreuves Dieu réserve parfois à ceux qu'il aime !

Que vous dirai-je Messieurs, que vous ne sachiez déjà, sur M. Marcellin Ledoux ?

Les services qu'il a rendus à la commune, pendant son trop court séjour à la mairie, étaient incessants et s'il n'a pas eu le temps de réaliser tous ses projets, il n'en a pas moins toujours été dévoué à vos intérêts.

Vous parlerai-je de sa bonté et de son obligeance envers tous ? Quel est le pauvre, quel est l'ouvrier, dans ce village,

ui s'est adressé a lui et qu'il n'a pas
ecouru ? quel est l'habitant d'Inghem qui
ui a réclamé un service, sans l'avoir
eçu ?

Et quel cœur pour ses parents, ses
amis ! Dans notre époque si tourmentée,
on ne rêve plus que fortune, honneurs,
plaisirs ; c'est à peine si on distingue les
hommes de cœur ! Marcellin Ledoux
était avant tout un homme de cœur ! Au
moment de quitter cette terre, son plus
cruel tourment était d'abandonner sa
femme, ses pauvres petits enfants et
tous ses parents qu'il aimait tant !

En jetant un coup-d'œil en arrière et
en voyant enlevés prématurément tant
de membres de cette belle famille, on
serait presque tenté d'accuser la Providence de sévérité excessive !

Il ne faut pas oublier, Messieurs, les

leçons qui nous sont données par les terribles épreuves auxquelles nous sommes assujettis sur cette terre ! Notre véritable patrie est là-haut ! C'est là que nous nous retrouverons !

Pour ceux qui n'ont pas la Foi, mourir à la fleur de l'âge, abandonner tous ceux qu'on aime, c'est le suprême malheur ; mais pour nous catholiques, nous conservons l'espérance de nous revoir dans un monde meilleur ; cette espérance fait notre consolation. Aussi accablés que nous puissions l'être par les terribles pertes que nous avons éprouvées, nous pouvons toujours nous consoler en nous disant : « Nous nous reverrons. »

Pour toi, Marcellin Ledoux, tu es mort dans les sentiments de foi et de piété qui ont fait la règle de toute ta vie ; tu as supporté, avec le courage le plus chrétien, les souffrances qui sont venues t'assaillir dans ta dernière maladie ; malgré ta jeunesse, tu nous as tracé la route; nous ta suivrons et, quand Dieu le voudra, nous irons te revoir, ainsi que les parents et les amis qui, comme toi, nous ont précédés dans la tombe.

www.ingramcontent.com/pod-product-compliance
Lightning Source LLC
Chambersburg PA
CBHW061626040426
42450CB00010B/2683